LE VER DE TERRE

Illustrations: Pierre Jarry

Texte: Michel Quintin

ÉDITIONS
MICHEL
QUINTIN

Le ver de terre respire par la peau.
Toujours il la garde mouillée.
Ainsi quand il fait beau,
Il fuit le soleil pour s'enterrer.

3

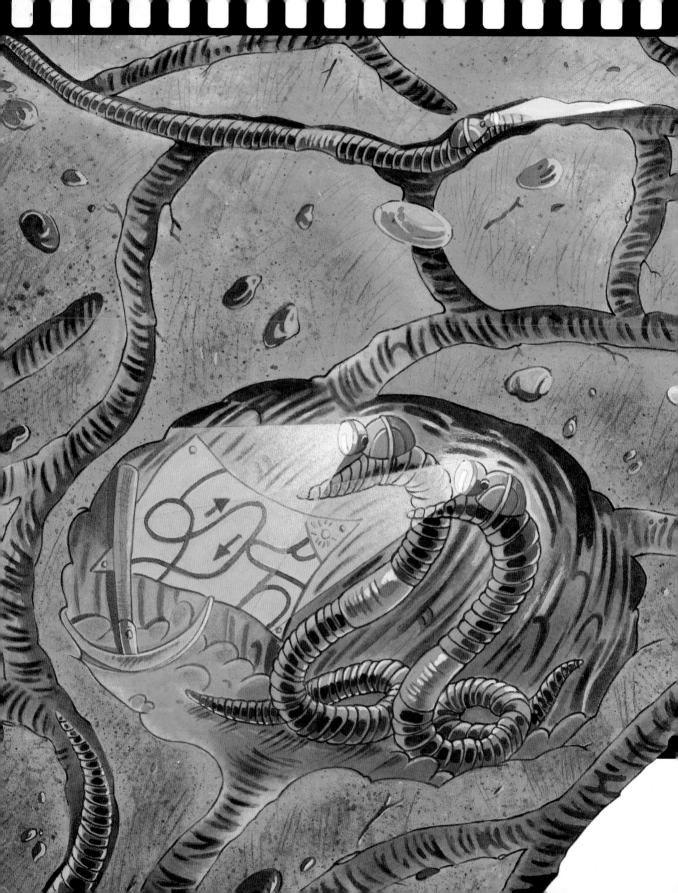

C'est dans le sol qu'il passe sa vie,
Creusant des tunnels pour se mettre à l'abri.
Il ne les quitte que la nuit
Ou encore les jours de pluie.

Brrr! Pour fuir le sol gelé,
L'hiver il faut déménager.
Le ver descend dans les profondeurs
Là où se trouve la chaleur.

Très utile, ce laboureur acharné
Draine le sol et le fait aérer.
Il l'enrichit de ses déjections,
Ces déchets qu'on appelle tortillons.

Bien qu'ayant les deux sexes, le ver de terre
Doit trouver un partenaire
Pour pouvoir s'accoupler
Et avoir des bébés.

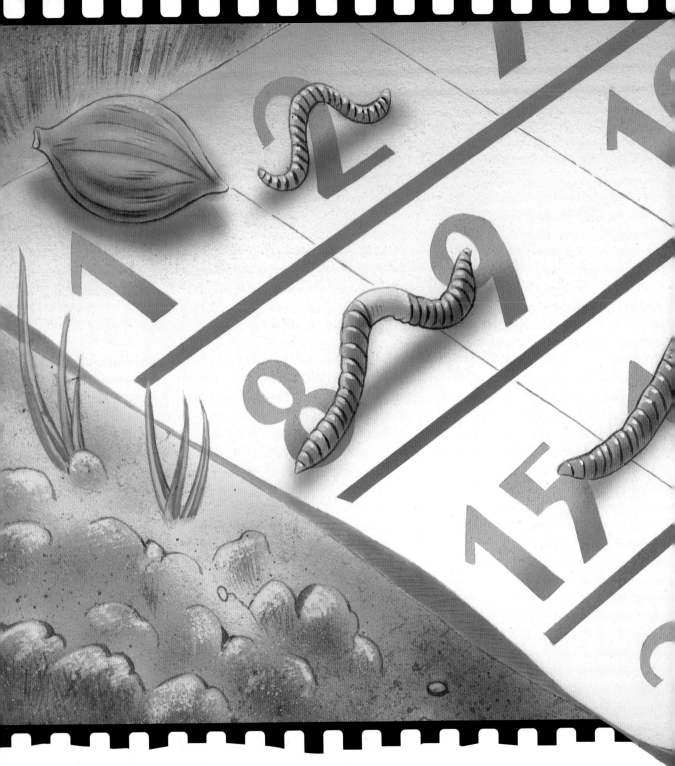

C'est sous terre, à l'intérieur d'un cocon,
Que les oeufs sont déposés.
Le petit ver, une fois né,
Devient adulte en 120 jours environ.

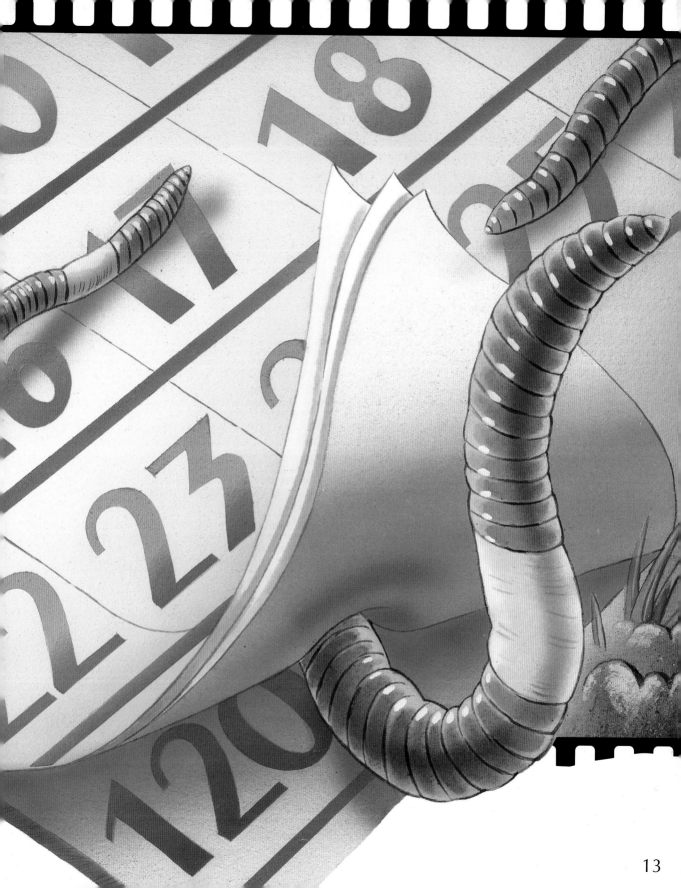

Son corps se divise en segments
Dont le nombre augmente avec les ans.
On en compte jusqu'à deux cents!

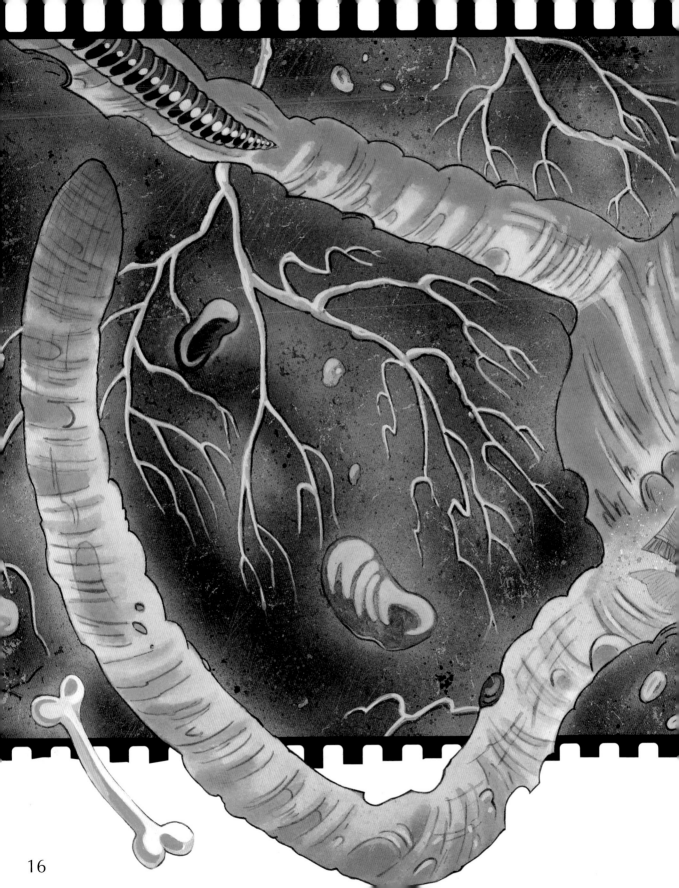

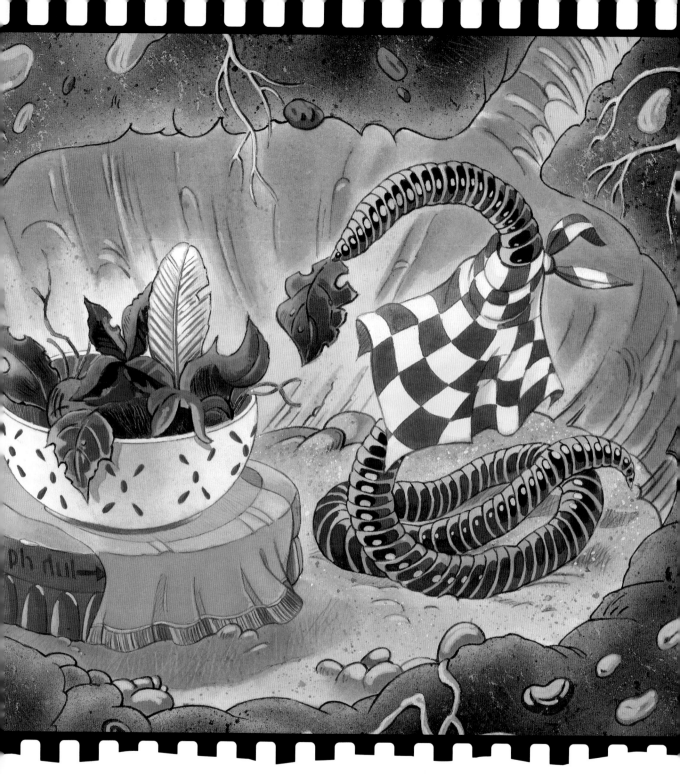

Le ver de terre dévore volontiers
Plantes et animaux décomposés.

Il doit faire bien des pirouettes
Pour ne pas finir dans l'assiette
D'une taupe ou d'un merle
Ou encore d'une musaraigne.

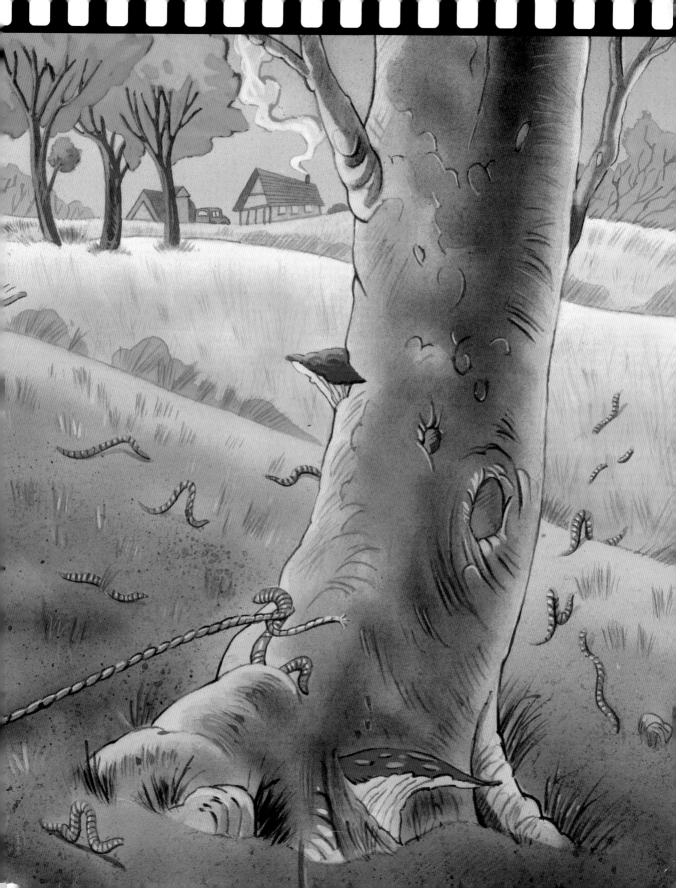

Cet invertébré ressent la douleur –
Aouch! Fuyons l'hameçon du pêcheur!

Le ver de terre le plus chanceux
Vivra dix ans, c'est merveilleux!

Dans la même collection:

Le béluga
Le castor
La coccinelle
Le gorille de montagne
Le harfang des neiges
Le maringouin
L'ours blanc
La pieuvre
Le porc-épic
Le pou
Le raton laveur

Données de catalogage avant publication (Canada)

Jarry, Pierre
    Le ver de terre

    (Ciné-faune)
    Pour enfants.

    ISBN 2-89435-041-4

    1. Ver de terre - Ouvrages pour la jeunesse. I. Quintin, Michel, 1953-   . II. Titre.   III. Collection.
QL391.A6J37 1995   j595.1'46   C95-940204-7

La publication de cet ouvrage a été réalisée grâce au soutien financier du ministère des Affaires culturelles du Québec et du Conseil des Arts du Canada.

Révision linguistique : Michèle Gaudreau

Dépôt légal - Bibliothèque nationale du Québec, 1995

©1995 Éditions Michel Quintin
C.P. 340, Waterloo (Québec)
Canada   J0E 2N0
Tél.: (514) 539-3774

Imprimé à Hong Kong
ISBN 2-89435-041-4   (relié)   10 9 8 7 6 5 4 3 2 1